Dr. Oetker

Blütenträume und Sternenzauber

Plätzchen zum Ausstechen

Plätzchen oder Kekse kommen in den verschiedensten Formen daher. Ausgerollt und ausgestochen, gefüllt, verziert mit Puderzucker oder Schokolade oder garniert mit Zuckerperlen und anderem Zuckerdekor.

Plätzchen schmecken nicht nur zu Weihnachten. Probieren Sie doch mal Erdbeerblüten, Johannistaler oder bunte Pistazientaler. Diese Kleinigkeiten können Sie das ganze Jahr über backen.

Und mit den passenden Ausstechern können Sie sofort loslegen. Warum die Familie nicht mal mit ein paar knusprigen Plätzchen überraschen?

Leckerer als gekaufte sind sie allemal.

Eiskristalle

Zubereitungszeit: 40–50 Minuten
Backzeit: etwa 10 Minuten je Backblech
Pro Stück: E: 0 g, F: 2 g, Kh: 8 g, kJ: 225, kcal: 54

Etwa 50 Stück

Zutaten
Für den Knetteig:

150 g	Weizenmehl
1 Msp.	Dr. Oetker Backin
50 g	Zucker
1 Pck.	Dr. Oetker Vanillin-Zucker
100 g	weiche Butter

Für den Guss:

125 g	Puderzucker
etwa 2 EL	Wasser
etwas	blaue und gelbe Speisefarbe

Zum Dekorieren:
silberne Zuckerperlen
Kokosraspel
blaue Zuckerperlen
weiße, gelbe und blaue Glitzerschrift

1. Den Backofen vorheizen.
Ober-/Unterhitze: etwa 180 °C
Heißluft: etwa 160 °C

2. Für den Teig Mehl mit Backpulver in einer Rührschüssel mischen. Übrige Zutaten für den Teig hinzufügen und alles mit Handrührgerät mit Knethaken zunächst kurz auf niedrigster, dann auf höchster Stufe zu einem Teig verarbeiten. Dann mit den Händen zu einer Kugel formen.

3. Den Teig auf der leicht bemehlten Arbeitsfläche etwa 3 mm dünn ausrollen, mit Kristall-Ausstechförmchen Kekse ausstechen und auf Backbleche (mit Backpapier belegt) legen. Die Backbleche nacheinander (bei Heißluft zusammen) auf mittlerer Einschubleiste in den vorgeheizten Backofen schieben. Kekse **etwa 10 Minuten je Backblech backen.**

4. Die Kekse mit dem Backpapier von den Backblechen auf Kuchenroste ziehen und erkalten lassen.

5. Für den Guss Puderzucker mit Wasser zu einem dickflüssigen Guss verrühren, dritteln und ein Drittel mit blauer, ein weiteres Drittel mit gelber Speisefarbe einfärben.

6. Jeweils ein Drittel der Kekse mit weißem, ein Drittel mit blauem und ein Drittel mit gelbem Guss überziehen. Weiße Kekse mit gelber oder blauer Zuckerschrift, silbernen Perlen und Kokosraspeln dekorieren. Blaue Kekse mit Kokosraspeln, weißer Zuckerschrift und silbernen Perlen dekorieren. Die gelben Kekse mit weißer Zuckerschrift, silbernen Perlen oder Kokosraspeln dekorieren.

Eissterne

Zubereitungszeit: 40 Minuten, ohne Kühlzeit
Backzeit: 10–12 Minuten je Backblech
Pro Stück: E: 1 g, F: 3 g, Kh: 11 g, kJ: 330, kcal: 79

Etwa 35 Stück

Zutaten

Für den Teig:

100 g	Marzipan-Rohmasse
	abgeriebene Schale von
1/2	Bio-Zitrone (unbehandelt, ungewachst)
2 EL	Zitronensaft
175 g	Weizenmehl
75 g	gesiebter Puderzucker
1 Pck.	Dr. Oetker Vanillin-Zucker
100 g	Butter oder Margarine

Für den Guss:

etwa 100 g	Puderzucker
2–3 EL	Zitronensaft

Zum Bestreuen:

etwas	Kuchenglitter weiß und blau (Glitterzucker)

1. Für den Teig Marzipan in Stücke schneiden, mit Zitronenschale und -saft in einer Rührschüssel mit Handrührgerät mit Rührbesen gut verrühren.

2. Mehl mit Puderzucker und Vanillin-Zucker mischen, mit Butter oder Margarine zur Marzipanmasse geben und mit Handrührgerät mit Knethaken zu einem glatten Teig verarbeiten. Den Teig in Frischhaltefolie gewickelt etwa 30 Minuten kalt stellen.

3. Den Backofen vorheizen.
Ober-/Unterhitze: etwa 180 °C
Heißluft: etwa 160 °C

4. Den Teig auf der leicht bemehlten Arbeitsfläche etwa 1/2 cm dick ausrollen und mit einer Ausstechform z. B. Eissterne (Ø etwa 7 cm) ausstechen. Die Ausstechform zwischendurch in Mehl drücken, damit sich die ausgestochenen Eissterne besser aus der Form lösen. Auch mit einem feinen Pinsel lassen sich die Eissterne gut aus der Form lösen.

5. Die Teigplätzchen auf Backbleche (mit Backpapier belegt) legen. Die Backbleche nacheinander (bei Heißluft zusammen) in den vorgeheizten Backofen schieben. Eissterne **10–12 Minuten je Backblech backen.**

6. Die Eissterne mit dem Backpapier von den Backblechen auf Kuchenroste ziehen, erkalten lassen.

7. Für den Guss Puderzucker mit so viel Zitronensaft verrühren, dass eine streichfähige Masse entsteht. Die Eissterne mithilfe eines Pinsels mit dem Guss bestreichen. Mit Kuchenglitter (Glitterzucker) bestreuen. Guss fest werden lassen.

8. Die Eissterne in einer gut schließenden Dose aufbewahren.

Tipp: Die Eissterne statt mit Kuchenglitter mit etwas grobem Zucker bestreuen. Eissterne ohne Guss nur mit Puderzucker (mit Vanillin-Zucker gemischt) bestäuben. Die Eissterne sind in einer gut schließenden Dose etwa 2 Wochen haltbar.

Süße Schneeflocken

Zubereitungszeit: 45 Minuten, ohne Kühlzeit
Backzeit: etwa 12 Minuten je Backblech
Pro Stück: E: 0,5 g, F: 2 g, Kh: 5 g, kJ: 177, kcal: 41

Etwa 55 Stück

Zutaten
Für den Knetteig:

200 g	Weizenmehl
1 Pck.	Dr. Oetker Vanillin-Zucker
100 g	Butter oder Margarine
100 g	Crème fraîche

Zum Bestreichen und Bestreuen:

1	Eiweiß (Größe M)
1 EL	Wasser
etwa 100 g	Hagelzucker
	Puderzucker

1. Für den Teig Mehl in eine Rührschüssel geben. Vanillin-Zucker, Butter oder Margarine in kleinen Stücken und Crème fraîche hinzufügen. Alles mit Handrührgerät mit Knethaken zunächst kurz auf niedrigster, dann auf höchster Stufe gut durcharbeiten.

2. Anschließend den Teig auf der leicht bemehlten Arbeitsfläche kurz verkneten. Den Teig in Frischhaltefolie gewickelt mindestens 4 Stunden kalt stellen.

3. Den Backofen vorheizen.
Ober-/Unterhitze: etwa 180 °C
Heißluft: etwa 160 °C

4. Den Teig portionsweise auf der leicht bemehlten Arbeitsfläche etwa 3 mm dünn ausrollen. Mit einem Ausstecher etwa 55 Schneeflocken (Ø 7 cm) ausstechen und auf Backbleche (mit Backpapier belegt) legen.

5. Zum Bestreichen Eiweiß mit Wasser verquirlen. Die Teigstücke damit bestreichen und mit Hagelzucker bestreuen.

6. Die Backbleche nacheinander (bei Heißluft zusammen) in den vorgeheizten Backofen schieben. Die Plätzchen **etwa 12 Minuten je Backblech backen.**

7. Die Plätzchen mit dem Backpapier auf Kuchenroste ziehen und erkalten lassen. Anschließend die Plätzchen mit Puderzucker bestäuben.

Tipp: Für eine süß-salzige Variante anstelle von Hagelzucker ein wenig grobes Meersalz auf die Schneeflocken streuen. Die erkalteten Schneeflocken anschließend nur sehr dünn mit Puderzucker bestäuben.
Anstelle von Schneeflocken können Sie auch Sterne ausstechen.

Schwarz-Weiß-Sterne

Zubereitungszeit: 45 Minuten, ohne Kühlzeit
Backzeit: 8–10 Minuten je Backblech
Pro Stück: E: 0,6 g, F: 3 g, Kh: 5 g, kJ: 215, kcal: 51

Etwa 70 Stück

Zutaten

Für den Knetteig:

200 g	Weizenmehl
50 g	Speisestärke
1 gestr. TL	Dr. Oetker Backin
150 g	weiche Butter oder Margarine
75 g	Zucker
1 Pck.	Dr. Oetker Vanillin-Zucker
1 Prise	Salz
1	Ei (Größe M)

Für den Guss:

200 g	Edelbitter-Schokolade (mindestens 50% Kakaoanteil)
2 TL	Speiseöl
1/2 TL	gemahlener Zimt
je 1 Prise	Piment- und Nelkenpulver

Für die Füllung:

1 TL	Dr. Oetker Finesse Natürliches Orangenschalen-Aroma

Zum Bestäuben:

etwas	Puderzucker

Zum Bestreuen:

	Streu-Gold

1. Für den Teig Mehl mit Speisestärke und Backpulver in einer Rührschüssel mischen. Restliche Zutaten hinzufügen und mit Handrührgerät mit Rührbesen zunächst kurz auf niedrigster, dann auf höchster Stufe gut durcharbeiten.

2. Anschließend auf der leicht bemehlten Arbeitsfläche zu einem glatten Teig verkneten. Den Teig in Frischhaltefolie gewickelt etwa 30 Minuten kalt stellen. Den Backofen vorheizen.
Ober-/Unterhitze: etwa 180 °C
Heißluft: etwa 160 °C

3. Den Teig auf der bemehlten Arbeitsfläche etwa 3 mm dick ausrollen und mit einer Ausstechform Sterne (Ø etwa 5 cm) ausstechen. Teigsterne auf Backbleche (mit Backpapier belegt) legen.

4. Aus der Hälfte der Sterne mit einer Lochtülle oder sehr kleinen Ausstechform (Ø etwa 1 1/2 cm) die Mitte ausstechen. Die Backbleche nacheinander (bei Heißluft zusammen) in den vorgeheizten Backofen schieben. Die Plätzchen **8–10 Minuten je Backblech backen.**

5. Die Gebäcksterne mit dem Backpapier von den Backblechen auf Kuchenroste ziehen und erkalten lassen.

6. Für den Guss Schokolade in kleine Stücke brechen und mit Speiseöl in einem kleinen Topf im Wasserbad bei schwacher Hitze schmelzen. Gewürze unterrühren.

7. Die nicht ausgestochenen Sterne mit der oberen Seite in die Schokolade tauchen, abtropfen lassen und auf Backpapier legen. Die restlichen ausgestochenen Sterne mit Puderzucker bestäuben und so auf die Schokolade legen, dass die Sternspitzen versetzt sind. Schokolade etwas fest werden lassen.

8. Für die Füllung restliche aufgelöste Schokolade evtl. nochmals erwärmen und Orangenschale unterrühren. Mit einem kleinen Teelöffel die Orangenschokolade in die Sternlöcher füllen. Mit etwas Streu-Gold bestreuen. Schokolade fest werden lassen.

Zimtsterne

Zubereitungszeit: 60 Minuten
Backzeit: etwa 25 Minuten je Backblech
Pro Stück: E: 2 g, F: 6 g, Kh: 7 g, kJ: 371, kcal: 89

Etwa 40 Stück

Zutaten
Für den Teig:

3	Eiweiß (Größe M)
250 g	Puderzucker
1 Pck.	Dr. Oetker Vanillin-Zucker
1 gestr. TL	gemahlener Zimt
etwa 400 g	nicht abgezogene, gemahlene Mandeln oder Haselnusskerne

Außerdem:

etwas	Puderzucker

1. Den Backofen vorheizen.
Ober-/Unterhitze: etwa 140 °C
Heißluft: etwa 120 °C

2. Für den Teig Eiweiß mit Handrührgerät mit Rührbesen auf höchster Stufe so steif schlagen, dass ein Messerschnitt sichtbar bleibt. Puderzucker sieben und nach und nach kurz unterrühren. Zum Bestreichen der Sterne 2 gut gehäufte Esslöffel Eischnee abnehmen und beiseitestellen.

3. Vanillin-Zucker, Zimt und etwa 150 g von den Mandeln oder Haselnusskernen vorsichtig auf niedrigster Stufe unter den übrigen Eischnee rühren. Von den übrigen Mandeln oder Haselnusskernen so viel mit den Händen unterkneten, dass der Teig kaum noch klebt.

4. Den Teig auf der mit Puderzucker bestäubten Arbeitsfläche gut ½ cm dick ausrollen. Sterne ausstechen, auf Backbleche (mit Backpapier belegt) legen und mit dem beiseitegestellten Eischnee bestreichen. Der Eischnee muss so sein, dass er sich glatt auf die Sterne streichen lässt, evtl. einige Tropfen Wasser unterrühren.

5. Die Backbleche nacheinander (bei Heißluft zusammen) in den vorgeheizten Backofen schieben. Die Zimtsterne **etwa 25 Minuten je Backblech backen.**

6. Die gebackenen Sterne mit dem Backpapier von den Backblechen auf Kuchenroste ziehen. Die Zimtsterne müssen sich beim Herausnehmen auf der Unterseite noch etwas weich anfühlen. Die Zimtsterne auf dem Kuchenrost erkalten lassen.

Tipp: Die Sterne lassen sich besser ausstechen, wenn der Ausstecher vorher immer in Wasser getaucht wird. Die Sterne bleiben saftig, wenn sie in gut schließenden Dosen aufbewahrt werden.
Zum Steifschlagen von Eiweiß müssen Schüsseln und Rührbesen absolut fettfrei sein und es darf keine Spur von Eigelb im Eiweiß sein.

Bunte Sterne

Zubereitungszeit: etwa 40 Minuten, ohne Trockenzeit
Backzeit: 8–10 Minuten je Backblech
Pro Stück: E: 0,6 g, F: 2 g, Kh: 5 g, kJ: 179, kcal: 43

Etwa 70 Stück

Zutaten
Für den Knetteig:

250 g	Weizenmehl
1 Msp.	Dr. Oetker Backin
100 g	Zucker
1 Pck.	Dr. Oetker Vanillin-Zucker
je 1 Msp.	Zimt, Kardamom, Nelken und Muskatblüte (alles gemahlen)
1	Ei (Größe M)
125 g	weiche Butter

Für den Guss:

100 g	Zartbitter-Kuvertüre
15 g	Kokosfett

Zum Bestreuen:
bunte Zuckerstreusel

1. Für den Teig Mehl mit Backpulver in einer Rührschüssel mischen. Zucker, Vanillin-Zucker, Gewürze, Ei und Butter hinzufügen.

2. Die Zutaten mit Handrührgerät mit Knethaken zunächst kurz auf niedrigster, dann auf höchster Stufe gut durcharbeiten. Anschließend den Teig auf der leicht bemehlten Arbeitsfläche zu einem glatten Teig verkneten. Sollte der Teig kleben, ihn in Frischhaltefolie gewickelt eine Zeit lang kalt stellen.

3. Den Backofen vorheizen.
Ober-/Unterhitze: etwa 200 °C
Heißluft: etwa 180 °C

4. Den Teig auf der leicht bemehlten Arbeitsfläche portionsweise dünn ausrollen. Sterne in zwei Größen (die gleiche Anzahl von jeder Größe) ausstechen und auf Backbleche (mit Backpapier belegt) legen. Die Backbleche nacheinander (bei Heißluft zusammen) in den vorgeheizten Backofen schieben. Die Sterne **8–10 Minuten je Backblech backen.**

5. Die Sterne mit dem Backpapier von den Backblechen auf Kuchenroste ziehen und erkalten lassen.

6. Für den Guss Kuvertüre und Kokosfett in einem kleinen Topf im Wasserbad bei schwacher Hitze zu einer geschmeidigen Masse verrühren. Die großen Sterne damit bestreichen, die kleinen so darauflegen, dass die braunen Spitzen der unteren Sterne zu sehen sind, diese mit Zuckerstreuseln bestreuen und den Guss fest werden lassen.

Tipp: Die Sterne sind gut verpackt 3–4 Wochen haltbar.

Lebkuchen-Sterne

Zubereitungszeit: 60 Minuten, ohne Abkühlzeit
Backzeit: 10–15 Minuten je Backblech
Pro Stück: E: 0,6 g, F: 2 g, Kh: 11 g, kJ: 263, kcal: 63

Etwa 40 Stück

Zutaten
Für den Rühr-Knetteig:

125 g	flüssiger Honig
200 g	Zucker
1 Pck.	Dr. Oetker Vanillin-Zucker
150 g	Butter oder Margarine
4 EL	Milch
3 Tropfen	Bittermandel-Aroma
1 TL	gemahlener Zimt
400 g	Weizenmehl
2 EL	Kakaopulver
100 g	Speisestärke
1 Pck.	Dr. Oetker Backin

Für den Guss:

200 g	gesiebter Puderzucker
2–3 EL	Zitronensaft
evtl.	Speisefarbe

1. Für den Teig Honig mit Zucker, Vanillin-Zucker, Butter oder Margarine und Milch langsam erwärmen, bis sich Honig und Zucker aufgelöst haben. Masse in eine Rührschüssel geben und abkühlen lassen.

2. Den Backofen vorheizen.
Ober-/Unterhitze: etwa 180 °C
Heißluft: etwa 160 °C

3. Unter die fast erkaltete Masse mit Handrührgerät mit Rührbesen auf höchster Stufe Aroma und Zimt rühren. Mehl, Kakao, Speisestärke und Backpulver mischen und zwei Drittel des Mehl-Kakao-Gemisches portionsweise auf mittlerer Stufe unterrühren. Restliches Mehl-Kakao-Gemisch auf der bemehlten Arbeitsfläche unterkneten. Sollte der Teig kleben, noch etwas Mehl hinzugeben.

4. Den Teig auf der bemehlten Arbeitsfläche etwa ½ cm dick ausrollen, Sterne ausstechen und auf Backbleche (mit Backpapier belegt) legen. Die Backbleche nacheinander (bei Heißluft zusammen) in den vorgeheizten Backofen schieben. Sterne **10–15 Minuten je Backblech backen.**

5. Die Sterne mit dem Backpapier von den Backblechen auf Kuchenroste ziehen und erkalten lassen.

6. Für den Guss Puderzucker und Zitronensaft zu einer dickflüssigen, spritzfähigen Masse verrühren und nach Belieben mit Speisefarbe einfärben, in ein Pergamentpapiertütchen füllen und eine kleine Spitze abschneiden. Die Sterne mit dem Guss verzieren und trocknen lassen.

Haselnuss-Sterne

Zubereitungszeit: 1 ½ Stunden, ohne Kühlzeit
Backzeit: etwa 10 Minuten je Backblech
Pro Stück: E: 1 g, F: 4 g, Kh: 7 g, kJ: 299, kcal: 71

Etwa 85 Stück

Zutaten
Für den Knetteig:

350 g	Weizenmehl
½ TL	Dr. Oetker Backin
100 g	Zucker
1 Pck.	Dr. Oetker Vanillin-Zucker
3	Eigelb (Größe M)
200 g	weiche Butter oder Margarine

Für die Eiweißmasse:

3	Eiweiß (Größe M)
150 g	Puderzucker
100 g	gemahlene Haselnusskerne
50 g	Raspelschokolade
3 Tropfen	Bittermandel-Aroma
150 g	enthäutete Haselnusskerne

1. Für den Teig Mehl mit Backpulver in einer Rührschüssel mischen. Zucker, Vanillin-Zucker, Eigelb und Butter oder Margarine hinzufügen. Die Zutaten mit Handrührgerät mit Knethaken zunächst kurz auf niedrigster, dann auf höchster Stufe gut durcharbeiten. Anschließend auf der leicht bemehlten Arbeitsfläche zu einem glatten Teig verkneten. Sollte der Teig kleben, ihn in Frischhaltefolie gewickelt eine Zeit lang kalt stellen.

2. Den Backofen vorheizen.
Ober-/Unterhitze: etwa 180 °C
Heißluft: etwa 160 °C

3. Den Teig auf der leicht bemehlten Arbeitsfläche in kleinen Portionen knapp ½ cm dick ausrollen, mit einer Ausstechform Sterne ausstechen und die Teigsterne auf Backbleche (mit Backpapier belegt) legen.

4. Für die Eiweißmasse Eiweiß steif schlagen. Der Eischnee muss so fest sein, dass ein Messerschnitt sichtbar bleibt. Puderzucker sieben und portionsweise mit den Haselnusskernen, der Raspelschokolade und dem Aroma unterrühren. Die Masse in einen Spritzbeutel mit großer Lochtülle füllen, auf jeden Teigstern einen Tuff spritzen, je einen Haselnusskern daraufsetzen und leicht andrücken.

5. Die Backbleche nacheinander (bei Heißluft zusammen) in den vorgeheizten Backofen schieben. Die Sterne **etwa 10 Minuten je Backblech backen.**

6. Die Sterne mit dem Backpapier von den Backblechen auf Kuchenroste ziehen, Sterne erkalten lassen und in einer gut schließenden Dose aufbewahren.

Tipp: Haselnusskerne enthäuten. Geben Sie die Haselnusskerne auf ein Backblech in den vorgeheizten Backofen (Ober-/Unterhitze: etwa 200 °C, Heißluft: etwa 180 °C) und rösten Sie die Nusskerne etwa 10 Minuten, bis die braune Haut aufplatzt. Schütten Sie die Haselnusskerne auf ein Sieb, lassen Sie sie kurz abkühlen und reiben Sie sie in dem Sieb, bis die Haut entfernt ist.

Sternenzauber

Zubereitungszeit: 50 Minuten
Backzeit: etwa 10 Minuten je Backblech
Pro Stück: E: 0,3 g, F: 1 g, Kh: 4 g, kJ: 112, kcal: 27

Etwa 150 Stück

Zutaten

Für den Knetteig:

250 g	Weizenmehl
1 gestr. TL	Dr. Oetker Backin
100 g	Zucker
1 Pck.	Dr. Oetker Vanillin-Zucker
1 Prise	Salz
1	Ei (Größe M)
125 g	weiche Butter oder Margarine

Für den Schokoteig:

1 geh. EL	Kakaopulver
1 EL	Zucker
½ Pck.	Dr. Oetker Finesse Orangenschalen-Aroma
1 EL	Wasser oder Milch

Außerdem:

	Aprikosenkonfitüre (durch ein Sieb gestrichen)
etwa 150 g	Zartbitter-Kuvertüre
	Puderzucker

Für die Dekoration:

grüne Zuckerschrift
Vanille-Schokoperlen
weiße Zuckerherzen
weiße Schokostreusel
weiße und braune Perlen

1. Für den Teig Mehl mit Backpulver in einer Rührschüssel mischen. Übrige Zutaten hinzufügen und alles mit Handrührgerät mit Knethaken zunächst kurz auf niedrigster, dann auf höchster Stufe zu einem Teig verarbeiten. Den Teig halbieren. Eine Teighälfte mit Kakaopulver, Zucker, Orangenschalen-Aroma und Wasser oder Milch verkneten. Anschließend mit den Händen jeweils zu einer Kugel formen.

2. Den Backofen vorheizen.
Ober-/Unterhitze: etwa 180 °C
Heißluft: etwa 160 °C

3. Den Teig portionsweise dünn (knapp ½ cm dick) ausrollen und Sterne (jeweils die gleiche Anzahl von jeder Größe) ausstechen. Die Plätzchen auf Backbleche (mit Backpapier belegt) legen. Die Backbleche nacheinander (bei Heißluft zusammen) auf mittlerer Einschubleiste in den vorgeheizten Backofen schieben. Die Plätzchen **etwa 10 Minuten je Backblech backen.**

4. Die gebackenen Plätzchen mit dem Backpapier von den Backblechen auf Kuchenroste ziehen und erkalten lassen.

5. Für Tannenbäumchen Plätzchen in 3 Größen (hell, dunkel, hell oder dunkel, hell, dunkel) mit Aprikosenkonfitüre zusammensetzen. Grüne Zuckerschrifttupfen auf die Spitzen geben, weiße oder Schokoperle mit Konfitüre obendrauf kleben und dünn mit Puderzucker bestäuben.

6. Für Sterntaler Kuvertüre im warmen Wasserbad schmelzen. Flüssige Kuvertüre in ein Pergamentpapiertütchen füllen, eine Spirale auf die hellen Sterne spritzen und jeweils mit einer Schokoperle verzieren.

7. Für Sterne mit Herzchen-Deko helle oder dunkle Sterne mit Kurvertüre überziehen und mit Zuckerherzchen bestreuen. Oder die Sterne mit aufgelöster Kuvertüre besprenkeln und mit Schokostreuseln bestreuen.

8. Restliche Plätzchen mit Kuvertüre überziehen und unterschiedlich bestreuen und beschriften.

Mandelsterne

Zubereitungszeit: 70 Minuten, ohne Kühlzeit
Backzeit: etwa 10 Minuten je Backblech
Pro Stück: E: 1 g, F: 2 g, Kh: 4 g, kJ: 182, kcal: 43

Etwa 100 Stück

Zutaten
Für den Knetteig:

300 g	Weizenmehl
20 g	Kakaopulver
1 TL	Dr. Oetker Backin
75 g	Zucker
1 Pck.	Dr. Oetker Vanillin-Zucker
3 Tropfen	Bittermandel-Aroma
3 EL	Milch
175 g	weiche Butter oder Margarine

Zum Bestreichen:

etwas	Kondensmilch

Zum Bestreuen:

50 g	Zucker
200 g	abgezogene, gehobelte Mandeln

1. Für den Teig Mehl mit Kakao und Backpulver in einer Rührschüssel mischen. Zucker, Vanillin-Zucker, Aroma, Milch und Butter oder Margarine hinzufügen. Die Zutaten mit Handrührgerät mit Knethaken zunächst kurz auf niedrigster, dann auf höchster Stufe gut durcharbeiten.

2. Anschließend auf der leicht bemehlten Arbeitsfläche zu einem glatten Teig verkneten. Sollte der Teig kleben, ihn in Frischhaltefolie gewickelt eine Zeit lang kalt stellen.

3. Den Backofen vorheizen.
Ober-/Unterhitze: etwa 180 °C
Heißluft: etwa 160 °C

4. Den Teig portionsweise auf der leicht bemehlten Arbeitsfläche knapp 1/2 cm dick ausrollen und mit einer Ausstechform Sterne ausstechen. Teigsterne auf Backbleche (mit Backpapier belegt) legen. Die Teigsterne mit Kondensmilch bestreichen und mit Zucker und Mandeln bestreuen.

5. Die Backbleche nacheinander (bei Heißluft zusammen) in den vorgeheizten Backofen schieben. Sterne **etwa 10 Minuten je Backblech backen.**

6. Die Mandelsterne mit dem Backpapier von den Backblechen auf Kuchenroste ziehen. Mandelsterne erkalten lassen.

Schoko-Nuss-Sterne

Zubereitungszeit: 75 Minuten, ohne Kühlzeit
Backzeit: 25–30 Minuten je Backblech
Pro Stück: E: 1 g, F: 4 g, Kh: 6 g, kJ: 289, kcal: 69

Etwa 40 Stück

Zutaten
Zum Vorbereiten:

60 g	Zartbitter-Schokolade

Für den Teig:

1	Ei (Größe M)
1	Eigelb (Größe M)
125 g	Zucker
1 Pck.	Dr. Oetker Vanillin-Zucker
1 Prise	Salz
1 geh. TL	Instant-Kaffeepulver
etwa 225 g	gemahlene Haselnusskerne
1 Msp.	Dr. Oetker Backin

Für den Guss:

1	Eiweiß (Größe M)
50 g	gesiebter Puderzucker
evtl. 2–3 Tropfen	Wasser

1. Zum Vorbereiten Schokolade in kleine Stücke brechen und in einem kleinen Topf im Wasserbad bei schwacher Hitze zu einer geschmeidigen Masse verrühren.

2. Für den Teig Ei, Eigelb, Zucker, Vanillin-Zucker, Salz und Kaffeepulver in eine Rührschüssel geben. Die Zutaten mit Handrührgerät mit Rührbesen auf höchster Stufe schaumig schlagen. Schokolade unter die Eimasse rühren. Haselnusskerne mit Backpulver mischen und zwei Drittel davon auf mittlerer Stufe unterrühren. Restliche Haselnusskern-Backpulver-Mischung unterkneten. Den Teig zugedeckt kalt stellen.

3. Für den Guss Eiweiß steif schlagen, Puderzucker portionsweise unterschlagen und evtl. Wasser unterschlagen, damit die Masse streichfähig ist.

4. Den Backofen vorheizen.
Ober-/Unterhitze: etwa 140 °C
Heißluft: etwa 120 °C

5. Den Teig auf der leicht bemehlten Arbeitsfläche etwa ½ cm dick ausrollen. Sterne ausstechen und auf Backbleche (mit Backpapier belegt) legen. Die Teigsterne dick mit dem Guss bestreichen. Die Backbleche nacheinander (bei Heißluft zusammen) in den vorgeheizten Backofen schieben. Die Sterne **25–30 Minuten je Backblech backen.**

6. Die Sterne mit dem Backpapier von den Backblechen auf Kuchenroste ziehen. Sterne erkalten lassen.

Tipp: Nach Belieben 1 Teelöffel gesiebtes Kakaopulver unter den Guss rühren. Die Sterne sind 3–4 Wochen haltbar.

Honigkuchen-Nikoläuse

Zubereitungszeit: 90 Minuten, ohne Kühlzeit
Backzeit: etwa 10 Minuten
Pro Stück: E: 1 g, F: 2 g, Kh: 8 g, kJ: 214, kcal: 51

Etwa 60 Stück

Zutaten

Für den Lebkuchenteig:

100 g	flüssiger Honig
50 g	Rohrzucker
75 g	Butter oder Margarine
1/2 Fläschchen	Butter-Vanille-Aroma
1 gestr. TL	gemahlener Zimt
1/2 TL	gemahlene Nelken
1	Eiweiß (Größe M)
250 g	Weizenmehl
2 gestr. TL	Dr. Oetker Backin

Zum Bestreichen:

1	Eigelb
1 EL	Milch

Für die Nikolausmützen:

100 g	Marzipan-Rohmasse
65 g	gesiebter Puderzucker
1 TL	Zitronensaft

Für die Gesichter:

etwa 50 g	gesiebter Puderzucker
1 EL	Zitronensaft
etwas	rote Speisefarbe
einige	Zuckerperlen

1. Für den Teig Honig mit Zucker und Butter oder Margarine in einem Topf unter Rühren langsam erwärmen, bis Zucker und Fett gelöst sind. Masse etwas abkühlen lassen, dann in eine Rührschüssel geben und kalt stellen.

2. Unter die fast erkaltete Masse Aroma, Zimt, Nelken und Eiweiß rühren. Mehl mit Backpulver mischen. Zwei Drittel davon portionsweise auf mittlerer Stufe unterrühren. Den Teigbrei mit dem restlichen Mehl auf der bemehlten Arbeitsfläche zu einem glatten Teig verkneten. Sollte der Teig kleben, ihn portionsweise kalt stellen.

3. Den Backofen vorheizen.
Ober-/Unterhitze: etwa 180 °C
Heißluft: etwa 160 °C

4. Teig auf der leicht bemehlten Arbeitsfläche etwa 1/2 cm dünn ausrollen. Mit einem Sternausstecher (Ø 4,5 cm) Sterne ausstechen und auf ein Backblech (mit Backpapier belegt) legen. Zum Bestreichen Eigelb mit Milch verschlagen. Die Teigsterne damit bestreichen. Das Backblech in den vorgeheizten Backofen schieben. Die Sterne **etwa 10 Minuten backen.**

5. Die Sterne mit dem Backpapier von dem Backblech auf einen Kuchenrost ziehen und erkalten lassen.

6. Für die Nikolausmützen Marzipan mit 40 g Puderzucker verkneten. Marzipan zwischen Frischhaltefolie so dünn ausrollen, dass 15 Kreise (Ø etwa 7 cm) ausgestochen werden können. Die Kreise jeweils vierteln.

7. Restlichen Puderzucker mit Zitronensaft zu einer dickflüssigen Masse verrühren. Jeweils eine Sternspitze mit dem Guss bestreichen und mit je einem Marzipanviertel (die runde Seite nach unten) einschlagen und etwas andrücken. Die Marzipanspitze leicht seitwärts biegen.

8. Für die Gesichter Puderzucker mit Zitronensaft zu einem dünnflüssigen Guss verrühren. Guss halbieren. Eine Hälfte mit roter Speisefarbe färben. Mit dem weißen und roten Guss Gesichter malen und mit Zuckerperlen garnieren.

Zitronen-Mandel-Blüten

Zubereitungszeit: 45 Minuten, ohne Abkühlzeit
Backzeit: etwa 20 Minuten je Backblech
Pro Stück: E: 2 g, F: 4 g, Kh: 9 g, kJ: 336, kcal: 80

Etwa 50 Stück

Zutaten

Für den Teig:

2	Eiweiß (Größe M)
250 g	Puderzucker
1 Pck.	Dr. Oetker Vanillin-Zucker
1 TL	Zitronensaft
1 Pck.	Dr. Oetker Finesse Geriebene Zitronenschale
etwa 400 g	abgezogene, gemahlene Mandeln

Außerdem:

etwas	Puderzucker

Für den Guss:

150 g	Puderzucker
2–3 EL	Zitronensaft
etwas	Speisefarbe, gelb und rot

Zum Dekorieren:

Zuckerperlen (Nonpareille)

1. Den Backofen vorheizen.
Ober-/Unterhitze: etwa 130 °C
Heißluft: etwa 110 °C

2. Für den Teig Eiweiß so steif schlagen, dass ein Messerschnitt sichtbar bleibt. Puderzucker sieben, mit Vanillin-Zucker mischen und nach und nach kurz unterrühren. Zitronensaft, Zitronenschale und die Hälfte der Mandeln unterrühren. Von den übrigen Mandeln so viel unterkneten, dass der Teig kaum noch klebt.

3. Den Teig auf der mit Puderzucker bestäubten Arbeitsfläche 4–5 mm dick ausrollen. Mit Ausstechformen Blüten ausstechen und auf ein Backblech (mit Backpapier belegt) legen. Das Backblech auf mittlerer Einschubleiste in den vorgeheizten Backofen schieben.

4. Die Gebäckstücke **etwa 20 Minuten backen.** Die übrigen Gebäckstücke wie angegeben vorbereiten und auf Backpapier legen.

5. Die Plätzchen mit dem Backpapier vom Backblech auf einen Kuchenrost ziehen. Die vorbereiteten Gebäckstücke mit dem Backpapier auf das Backblech ziehen und backen. Plätzchen erkalten lassen.

6. Für den Guss Puderzucker sieben, mit Zitronensaft zu einem dickflüssigen, streichfähigen Guss verrühren. Etwas Guss zur Seite stellen. Alle Blüten mit einem breiten Messer mit dem Guss bestreichen. Einen Teil mit Zuckerperlen (Nonpareille) dekorieren. Den beiseite gestellten Guss mit gelber oder roter Speisefarbe verrühren. In die Mitte der Blüten einen Farbpunkt setzen und mit einem Holzstäbchen nach außen ziehen. Den Guss fest werden lassen.

Tipp: Sie können zum Ausrollen auch die übrigen Mandeln verwenden. Die Blüten mit fein geschnittenen Zitronenzesten garnieren.

Bunte Johannisbeerblüten

Zubereitungszeit: 45 Minuten, ohne Kühl- und Abkühlzeit
Backzeit: 8–10 Minuten je Backblech
Pro Stück: E: 0,6 g, F: 3 g, Kh: 6 g, kJ: 223, kcal: 53

Etwa 50 Stück

Zutaten
Für den Knetteig:

250 g	Weizenmehl
1 Msp.	Dr. Oetker Backin
100 g	Puderzucker
1 Pck.	Dr. Oetker Finesse Geriebene Zitronenschale
150 g	weiche Butter oder Margarine
1	Eiweiß (Größe M)

Zum Bestreichen und Bestreuen:

1	Eigelb (Größe M)
1 EL	kaltes Wasser
2 EL	bunte Zuckerstreusel

Für die Füllung:

5 EL	schwarzes Johannisbeergelee
1 EL	Wasser

1. Für den Teig Mehl mit Backpulver und Puderzucker in einer Rührschüssel mischen und Zitronenschale, Butter oder Margarine und Eiweiß zugeben. Die Zutaten mit Handrührgerät mit Knethaken auf mittlerer Stufe unterarbeiten.

2. Den Teig auf der leicht bemehlten Arbeitsfläche kurz verkneten. Teig in 3 Portionen teilen, zu Rollen formen, in Frischhaltefolie wickeln und mindestens 2 Stunden kalt stellen.

3. Den Teig portionsweise auf der leicht bemehlten Arbeitsfläche etwa 3 mm dünn ausrollen. Mit einer Ausstechform Blüten (Ø 4–5 cm) ausstechen und auf Backbleche (mit Backpapier belegt) legen.

4. Den Backofen vorheizen.
Ober-/Unterhitze: etwa 180 °C
Heißluft: etwa 160 °C

5. Zum Bestreichen und Bestreuen Eigelb mit Wasser verquirlen. Die Hälfte der Plätzchen damit bestreichen und mit Zuckerstreuseln bestreuen. Die Backbleche nacheinander (bei Heißluft zusammen) in den vorgeheizten Backofen schieben. Plätzchen **8–10 Minuten je Backblech backen.**

6. Die Blüten mit dem Backpapier von den Backblechen auf Kuchenroste ziehen und erkalten lassen.

7. Für die Füllung Gelee mit Wasser in einem kleinen Topf unter Rühren kräftig aufkochen lassen. Das Gelee unter Rühren so lange abkühlen lassen, bis es dickflüssig ist. Gelee auf die Blüten ohne Zuckerstreusel streichen und etwas antrocknen lassen. Die bestreuten Plätzchen darauflegen und leicht andrücken. Danach die Füllung fest werden lassen.

Erdbeerblüten

Zubereitungszeit: 70 Minuten, ohne Kühlzeit
Backzeit: etwa 10 Minuten je Backblech
Pro Stück: E: 1 g, F: 2 g, Kh: 8 g, kJ: 228, kcal: 54

Etwa 60 Stück

Zutaten
Für den Knetteig:

200 g	Weizenmehl
70 g	Milchgetränkepulver Erdbeergeschmack
50 g	Puderzucker
1 TL	Dr. Oetker Backin
150 g	weiche Butter oder Margarine

Zum Garnieren:

130 g	Erdbeerkonfitüre
2 EL	Wasser

Zum Bestreuen:

2–3 EL	Schokoladenplättchen

Zum Verzieren:

120 g	gesiebter Puderzucker
1–2 EL	Zitronensaft

1. Für den Teig Mehl, Getränkepulver, Puderzucker und Backpulver in einer Rührschüssel mischen. Butter oder Margarine hinzufügen. Die Zutaten mit Handrührgerät mit Knethaken zunächst kurz auf niedrigster, dann auf höchster Stufe gut durcharbeiten. Anschließend auf der leicht bemehlten Arbeitsfläche zu einem glatten Teig verkneten. Den Teig in Frischhaltefolie gewickelt etwa 1 Stunde kalt stellen.

2. Den Backofen vorheizen.
Ober-/Unterhitze: etwa 180 °C
Heißluft: etwa 160 °C

3. Den Teig auf der bemehlten Arbeitsfläche etwa 2 mm dick ausrollen. Mit einer Ausstechform 60 Blüten (Ø etwa 5 cm) ausstechen und Teigblüten auf Backbleche (mit Backpapier belegt) verteilen. Die Backbleche nacheinander (bei Heißluft zusammen) in den vorgeheizten Backofen schieben. Die Blüten **etwa 10 Minuten je Backblech backen.**

4. Die Gebäckblüten mit dem Backpapier von den Backblechen auf Kuchenroste ziehen und erkalten lassen.

5. Zum Garnieren Konfitüre durch ein Sieb streichen und mit Wasser in einem Topf unter Rühren aufkochen und etwas einkochen lassen. Auf jede Gebäckblüte in der Mitte mit einem Teelöffel einen Klecks Konfitüre geben und mit Schokoladenplättchen bestreuen.

6. Zum Verzieren Puderzucker mit Zitronensaft zu einer dickflüssigen Masse verrühren. Die Masse in einen kleinen Gefrierbeutel füllen und eine kleine Ecke abschneiden. Die Gebäckblüten damit verzieren und fest werden lassen.

Tipp: Anstelle des Milchgetränkepulvers können Sie auch wasserlösliches Fruchtgetränkepulver (z. B. Himbeere oder Kirsche) verwenden. Dann auch Himbeer- oder Kirschkonfitüre nehmen.

Amarena-Doppel

Zubereitungszeit: 50 Minuten, ohne Kühlzeit
Backzeit: 10–12 Minuten je Backblech
Pro Stück: E: 1 g, F: 5 g, Kh: 10 g, kJ: 380, kcal: 91

Etwa 45 Stück

Zutaten

Für den Knetteig:

100 g	geröstete, gesalzene Macadamia-Nusskerne
170 g	Weizenmehl
1/2 TL	Dr. Oetker Backin
100 g	Zucker
1	Eigelb (Größe M)
100 g	Butter oder Margarine
2 EL	kaltes Wasser

Für die Füllung:

70 g	abgetropfte Amarena-Kirschen (aus dem Glas)
100 g	Marzipan-Rohmasse
30 g	weiche Butter

Für den Guss:

150 g	gesiebter Puderzucker
2 EL	Amarena-Sirup (von den abgetropften Kirschen)
1–2 EL	Zitronensaft
evtl. etwas	rote Speisefarbe

1. Für den Teig Macadamia-Nusskerne im Zerkleinerer oder mit einem Messer sehr fein hacken. Mehl mit den gehackten Nusskernen und Backpulver in einer Rührschüssel mischen. Zucker, Eigelb, Butter oder Margarine und Wasser hinzufügen. Die Zutaten mit Handrührgerät mit Knethaken zunächst kurz auf niedrigster, dann auf höchster Stufe gut durcharbeiten. Anschließend den Teig auf der leicht bemehlten Arbeitsfläche zu einem glatten Teig verkneten. Sollte der Teig kleben, ihn in Frischhaltefolie gewickelt eine Zeit lang kalt stellen.

2. Den Backofen vorheizen.
Ober-/Unterhitze: etwa 180 °C
Heißluft: etwa 160 °C

3. Den Teig auf der leicht bemehlten Arbeitsfläche etwa 2 mm dick ausrollen. Mit einem Ausstecher etwa 90 Blüten (Ø etwa 4 cm) ausstechen. Die Teigblüten auf Backbleche (mit Backpapier belegt) legen. Die Backbleche nacheinander (bei Heißluft zusammen) in den vorgeheizten Backofen schieben. Die Plätzchen **10–12 Minuten je Backblech backen.**

4. Die Plätzchen mit dem Backpapier von den Backblechen auf Kuchenroste ziehen und erkalten lassen.

5. Für die Füllung die abgetropften Amarena-Kirschen sehr fein hacken. Marzipan in kleine Stücke schneiden. Marzipan mit Butter und gehackten Kirschen mit Handrührgerät mit Rührbesen zu einer glatten Masse verrühren. Die Marzipanmasse in einen kleinen Gefrierbeutel füllen und eine Ecke abschneiden.

6. Die Hälfte der Plätzchen umgedreht auf die Arbeitsfläche legen und etwas Marzipanmasse daraufspritzen. Die restlichen Plätzchen darauflegen und leicht andrücken.

7. Für den Guss Puderzucker mit Sirup und Zitronensaft glatt rühren, evtl. etwas rot färben. Den Guss in einen kleinen Gefrierbeutel füllen und eine kleine Ecke abschneiden. Den Guss in Streifen, von innen nach außen, auf die Blüten spritzen, fest werden lassen.

Mandel-Gewürz-Plätzchen

Zubereitungszeit: 60 Minuten, ohne Kühlzeit
Backzeit: 12–15 Minuten je Backblech
Pro Stück: E: 1 g, F: 5 g, Kh: 7 g, kJ: 303, kcal: 72

Etwa 60 Stück

Zutaten
Für den Knetteig:

280 g	Weizenmehl
140 g	Zucker
1 Pck.	Dr. Oetker Vanillin-Zucker
je 1 Msp.	Nelken und Zimt, gemahlen
220 g	Butter oder Margarine
170 g	abgezogene, gemahlene Mandeln

Zum Bestreichen:

3 EL	Johannisbeergelee

Für den Guss:

150 g	Halbbitter-Kuvertüre
1 TL	Speiseöl

Zum Garnieren:

30 g	abgezogene, ganze Mandeln

1. Für den Teig Mehl mit Zucker, Vanillin-Zucker, Nelken und Zimt in einer Rührschüssel mischen. Butter oder Margarine hinzufügen und die Zutaten mit Handrührgerät mit Rührbesen zunächst kurz auf niedrigster, dann auf höchster Stufe gut durcharbeiten, Mandeln unterarbeiten.

2. Anschließend auf der leicht bemehlten Arbeitsfläche zu einem glatten Teig verkneten und in Frischhaltefolie gewickelt einige Stunden oder über Nacht kalt stellen.

3. Den Backofen vorheizen.
Ober-/Unterhitze: etwa 180 °C
Heißluft: etwa 160 °C

4. Den Teig portionsweise auf der leicht bemehlten Arbeitsfläche etwa 4 mm dünn ausrollen, mit einer Ausstechform runde und gezackte Plätzchen (Ø etwa 4 cm) ausstechen und auf Backbleche (mit Backpapier belegt) legen. Die Backbleche nacheinander (bei Heißluft zusammen) in den vorgeheizten Backofen schieben.
Die Plätzchen **12–15 Minuten je Backblech backen.**

5. Die Plätzchen mit dem Backpapier von den Backblechen auf Kuchenroste ziehen. Plätzchen erkalten lassen.

6. Zum Bestreichen Gelee glatt rühren. Die Hälfte der Plätzchen auf der Unterseite mit dem Gelee bestreichen. Die restlichen Plätzchen jeweils mit der Unterseite darauflegen und gut andrücken.

7. Für den Guss Kuvertüre in kleine Stücke hacken und mit Speiseöl in einem kleinen Topf im Wasserbad bei schwacher Hitze schmelzen. Die Plätzchen je zur Hälfte hineintauchen und auf Backpapier legen. Jeweils eine Mandel darauflegen und den Guss fest werden lassen.

Kokoskringel

Zubereitungszeit: 40 Minuten, ohne Kühlzeit
Backzeit: etwa 12 Minuten je Backblech
Pro Stück: E: 1 g, F: 6 g, Kh: 13 g, kJ: 357, kcal: 85

Etwa 50 Stück

Zutaten
Für den Knetteig:

250 g	Weizenmehl
100 g	Kokosraspel
1 Prise	Salz
125 g	Zucker
200 g	weiche Butter oder Margarine
	abgeriebene Schale von
1	Bio-Limette (unbehandelt, ungewachst)

Zum Bestreichen:

100 g	Lemon Curd

Zum Bestreuen:

75 g	Kokosraspel
	gelbe und rote Speisefarbe

1. Für den Teig Mehl mit Kokosraspeln, Salz und Zucker in einer Rührschüssel mischen. Butter oder Margarine und Limettenschale hinzufügen. Die Zutaten mit Handrührgerät mit Knethaken zunächst kurz auf niedrigster, dann auf höchster Stufe gut durcharbeiten. Anschließend auf der leicht bemehlten Arbeitsfläche zu einem glatten Teig verkneten. Den Teig in Frischhaltefolie gewickelt etwa 30 Minuten kalt stellen.

2. Den Backofen vorheizen.
Ober-/Unterhitze: etwa 180 °C
Heißluft: etwa 160

3. Den Teig auf der leicht bemehlten Arbeitsfläche portionsweise 3 mm dick ausrollen und mit einem Blütenausstecher (Ø etwa 5 cm) 50 Plätzchen ausstechen. Mit einer sehr kleinen Form oder einer Lochtülle die Mitte der Plätzchen ausstechen, sodass Kringel entstehen.

4. Die Kringel auf Backbleche (gefettet, mit Backpapier belegt) legen und die Backbleche nacheinander (bei Heißluft zusammen) in den vorgeheizten Backofen schieben. Die Kringel **etwa 12 Minuten je Backblech backen.**

5. Die Kringel mit dem Backpapier von den Backblechen auf Kuchenroste ziehen und erkalten lassen.

6. Die Kringel mit Lemon Curd bestreichen. Kokosraspel in 2 Portionen teilen und jede Portion in einen kleinen Gefrierbeutel füllen. In einen Beutel etwas gelbe Speisefarbe und in den zweiten Beutel etwas rote Speisefarbe geben. Beutel verschließen und die Kokosraspel gut zwischen den Händen reiben. Die Kringel mit den gefärbten Kokosraspeln bestreuen.

Tipp: Statt Limettenschale kann auch Zitronenschale verwendet werden. Anstelle von Lemon Curd kann auch Aprikosenkonfitüre oder Orangenmarmelade verwendet werden. Die Kokoskringel kühl lagern und bald verbrauchen. Da die Kringel etwas kleben, zwischen die Lagen Backpapier legen.

Johannistaler

Zubereitungszeit: etwa 2 Stunden, ohne Abkühlzeit
Backzeit: 6–8 Minuten je Backblech
Pro Stück: E: 1 g, F: 4 g, Kh: 19 g, kJ: 500, kcal: 119

Etwa 30 Stück

Zutaten
Für den Knetteig:

250 g	Weizenmehl
2 TL	Dr. Oetker Backin
100 g	Zucker
1 Pck.	Dr. Oetker Vanillin-Zucker
1	Ei (Größe M)
125 g	weiche Butter oder Margarine

Für den hellen Guss:

200 g	gesiebter Puderzucker
1 EL	Rum
2–3 EL	Wasser

Für den dunklen Guss:

75 g	Puderzucker
1 leicht geh. TL	Kakaopulver
etwa 1 EL	Weinbrand

Zum Bestreichen:

3 EL	rotes Johannisbeergelee

1. Für den Teig Mehl mit Backpulver in einer Rührschüssel mischen. Zucker, Vanillin-Zucker, Ei und Butter oder Margarine hinzufügen und die Zutaten mit Handrührgerät mit Knethaken zunächst kurz auf niedrigster, dann auf höchster Stufe gut durcharbeiten. Anschließend auf der leicht bemehlten Arbeitsfläche zu einem glatten Teig verkneten. Sollte der Teig kleben, ihn in Frischhaltefolie gewickelt eine Zeit lang kalt stellen.

2. Den Backofen vorheizen.
Ober-/Unterhitze: etwa 180 °C
Heißluft: etwa 160 °C

3. Den Teig auf der leicht bemehlten Arbeitsfläche portionsweise dünn ausrollen und mit einer runden, gezackten Ausstechform (Ø etwa 5 cm) etwa 60 Plätzchen ausstechen. Die Hälfte der Teigplätzchen mit einer kleineren Ausstechform (Ø etwa 2 cm) oder einer großen Lochtülle so ausstechen, dass Ringe entstehen.

4. Teigplätzchen und -ringe auf Backbleche (mit Backpapier belegt) legen. Die Backbleche nacheinander (bei Heißluft zusammen) in den Backofen schieben. Die Plätzchen **6–8 Minuten je Backblech backen.**

5. Die Plätzchen mit dem Backpapier von den Backblechen auf Kuchenroste ziehen und erkalten lassen.

6. Für den hellen Guss Puderzucker mit Rum und Wasser zu einer dickflüssigen Masse verrühren. Für den dunklen Guss Puderzucker mit Kakao mischen, sieben und mit Weinbrand zu einer dickflüssigen Masse verrühren.
Die Masse in ein Pergamentpapiertütchen oder einen Gefrierbeutel füllen und eine kleine Ecke abschneiden. Jedes Ringplätzchen mit dem hellem Guss bestreichen und sofort mit dem braunen Guss einen dünnen Ring daraufspritzen. Mit einem Holzstäbchen mehrere Male von der Mitte aus zum Rand leicht durch den Guss ziehen und Guss fest werden lassen.

7. Zum Bestreichen Gelee glatt rühren, jedes ganze Plätzchen auf der Unterseite mit Gelee bestreichen und je ein Ringplätzchen darauflegen.

Blütenträume

Zubereitungszeit: 50–60 Minuten, ohne Abkühlzeit
Backzeit: etwa 10 Minuten je Backblech
Pro Stück: E: 2 g, F: 6 g, Kh: 12 g, kJ: 547, kcal: 131

Etwa 40 Stück

Zutaten
Für den Knetteig:

250 g	Weizenmehl
½ TL	Dr. Oetker Backin
75 g	Zucker
1 Pck.	Dr. Oetker Vanillin-Zucker
1 Pck.	Dr. Oetker Finesse Geriebene Zitronenschale
1	Ei (Größe M)
200 g	weiche Butter
150 g	abgezogene, gemahlene Mandeln

Für die Füllung:

rote Konfitüre oder Gelee

Für den Guss:

200 g	Puderzucker
3 EL	Zitronensaft
etwas	Wasser
	rote Speisefarbe

Für die Dekoration:

Puderzucker
Gebäckschmuckkugeln
rosa Glitter
Zuckerherzen
lila Glitzerschrift

1. Für den Teig Mehl mit Backpulver in einer Rührschüssel mischen und Zucker, Vanillin-Zucker, Zitronenschale, Ei und Butter oder Margarine hinzufügen. Die Zutaten mit Handrührgerät mit Knethaken zunächst kurz auf niedrigster, dann auf höchster Stufe durcharbeiten.

2. Anschließend auf der bemehlten Arbeitsfläche mit den Mandeln zu einem glatten Teig verkneten. Sollte er kleben, ihn in Folie gewickelt eine Zeit lang kalt stellen.

3. Den Backofen vorheizen.
Ober-/Unterhitze: etwa 180 °C
Heißluft: etwa 160 °C

4. Den Teig portionsweise auf der bemehlten Arbeitsfläche 3 mm dünn ausrollen, mit Blütenausstechern jeweils die gleiche Anzahl Kekse ausstechen und auf Backbleche (mit Backpapier belegt) legen. Die Backbleche nacheinander (bei Heißluft zusammen) in den vorgeheizten Backofen schieben. Die Kekse **etwa 10 Minuten je Backblech backen.**

5. Die gebackenen Kekse mit dem Backpapier von den Backblechen auf Kuchenroste ziehen, erkalten lassen.

6. Für Terrassenplätzchen von je 3 Keksen verschiedener Größe die beiden kleineren auf der Unterseite mit Konfitüre (durch ein Sieb gestrichen) oder Gelee bestreichen und auf den größten setzen. Mit Puderzucker bestäuben und mit etwas Guss eine Gebäckschmuckkugel auf dem obersten befestigen.

7. Für Doppeldecker die kleinen und mittelgroßen Kekse mit Konfitüre oder Gelee zusammensetzen. Puderzucker mit Zitronensaft und etwas Wasser zu einem dickflüssigen Guss verrühren. Die Hälfte des Gusses rosa einfärben und die Doppeldecker damit überziehen. Mit rosa Glitter, Herzchen oder Zuckerperlen dekorieren.

8. Für Prinzessinnen-Blumen die Kekse mit hellem und rosa Guss bestreichen. Mit lila Glitzerschrift einen kleinen Tropfen in die Mitte der Kekse setzen und mit einem Holzstäbchen auseinanderziehen. In die Mitte eine Gebäckschmuckkugel setzen. Oder an den Blütenrändern jeweils eine Kugel setzen und die Mitte mit Glitzerschrift verzieren.

Konfetti-Ringe

Zubereitungszeit: 90 Minuten, ohne Kühlzeit
Backzeit: etwa 10 Minuten je Backblech
Pro Stück: E: 1 g, F: 4 g, Kh: 10 g, kJ: 338, kcal: 81

Etwa 50 Stück

Zutaten
Für den Knetteig:

250 g	Weizenmehl
1 TL	Dr. Oetker Backin
100 g	brauner Zucker (Kandisfarin)
1 Pck.	Dr. Oetker Vanillin-Zucker
75 g	Doppelrahm-Frischkäse
1 Pck.	Paradiescreme Pfirsich-Geschmack
175 g	weiche Butter oder Margarine

Zum Bestreichen:

4 EL	Schlagsahne

Zum Bestreuen:

125 g	Zucker-Konfetti

1. Für den Teig Mehl mit Backpulver in einer Rührschüssel mischen. Zucker, Vanillin-Zucker, Frischkäse, Paradiescreme und Butter oder Margarine hinzufügen und die Zutaten mit Handrührgerät mit Knethaken zunächst kurz auf niedrigster, dann auf höchster Stufe gut durcharbeiten.

2. Anschließend auf der leicht bemehlten Arbeitsfläche zu einem glatten Teig verkneten. Den Teig in Frischhaltefolie gewickelt etwa 30 Minuten kalt stellen.

3. Den Backofen vorheizen.
Ober-/Unterhitze: etwa 200 °C
Heißluft: etwa 180 °C

4. Den Teig portionsweise auf der leicht bemehlten Arbeitsfläche etwa 3 mm dick ausrollen und mit einer runden, gezackten Form (Ø etwa 6 cm) 50 Kreise ausstechen. Mit einer sehr kleinen gezackten Form oder einer Lochtülle die Mitte der Kreise ausstechen, sodass Ringe entstehen. Die Ringe auf Backbleche (gefettet, mit Backpapier belegt) legen.

5. Die Teigringe mit Sahne bestreichen und mit Konfetti bestreuen. Die Backbleche nacheinander (bei Heißluft zusammen) in den Backofen schieben. Die Ringe **etwa 10 Minuten je Backblech backen.**

6. Die Gebäckringe mit dem Backpapier von den Backblechen auf Kuchenroste ziehen und erkalten lassen.

Tipp: Sie können nach Belieben auch Paradiescreme mit einer anderen Geschmacksrichtung verwenden. Anstelle von Zucker-Konfetti können auch bunte Zuckerperlen verwendet werden.

Ischler Törtchen

Zubereitungszeit: 60 Minuten, ohne Kühlzeit
Backzeit: etwa 10 Minuten je Backblech
Pro Stück: E: 1 g, F: 4 g, Kh: 7 g, kJ: 291, kcal: 69

Etwa 45 Stück

Zutaten
Für den Knetteig:

200 g	Weizenmehl
50 g	gesiebter Puderzucker
1 Pck.	Dr. Oetker Vanillin-Zucker
1	Ei (Größe M)
1 Msp.	gemahlener Zimt
	abgeriebene Schale von
1/2	Bio-Zitrone (unbehandelt, ungewachst)
150 g	weiche Butter oder Margarine
100 g	abgezogene, gemahlene Mandeln

Zum Bestäuben:
etwa 25 g Puderzucker

Zum Bestreichen:
etwa 100 g Himbeerkonfitüre

1. Für den Teig Mehl mit Puderzucker, Vanillin-Zucker, Ei, Zimt, Zitronenschale, Butter oder Margarine und Mandeln in eine Rührschüssel geben. Die Zutaten mit Handrührgerät mit Rührbesen zunächst kurz auf niedrigster, dann auf höchster Stufe gut durcharbeiten. Anschließend den Teig auf der leicht bemehlten Arbeitsfläche zu einem glatten Teig verkneten. Den Teig in Frischhaltefolie gewickelt etwa 1 Stunde kalt stellen.

2. Den Backofen vorheizen.
Ober-/Unterhitze: etwa 180 °C
Heißluft: etwa 160 °C

3. Den Teig auf der leicht bemehlten Arbeitsfläche knapp 1/2 cm dünn ausrollen. Mit einer runden Ausstechform mit Wellenrand (Ø etwa 6 cm) etwa 90 Plätzchen ausstechen. Bei der Hälfte der Plätzchen mit einer Ausstechform (Ø etwa 1 1/2 cm) oder einer großen Lochtülle die Mitte ausstechen, sodass Ringe entstehen.

4. Teigplätzchen und -ringe auf Backbleche (mit Backpapier belegt) legen. Die Backbleche nacheinander (bei Heißluft zusammen) in den vorgeheizten Backofen schieben. Die Plätzchen **etwa 10 Minuten je Backblech backen.**

5. Die Plätzchen und Ringe mit dem Backpapier von den Backblechen auf Kuchenroste ziehen. Die Plätzchenringe sofort mit Puderzucker bestäuben. Plätzchen und Plätzchenringe erkalten lassen.

6. Zum Bestreichen Konfitüre durch ein Sieb streichen und in einem Topf gut aufkochen lassen. Die Plätzchen auf der Unterseite mit Konfitüre bestreichen. Die Plätzchenringe darauflegen und leicht andrücken.

Tipp: Statt Himbeerkonfitüre Himbeergelee verwenden. Dies muss nicht durch ein Sieb gestrichen, sondern nur glatt gerührt werden.

Ingwerlebkuchen

Zubereitungszeit: 45 Minuten, ohne Kühlzeit
Backzeit: etwa 10 Minuten je Backblech
Pro Stück: E: 1 g, F: 2 g, Kh: 17 g, kJ: 384, kcal: 92

Etwa 45 Stück

Zutaten
Für den Lebkuchenteig:

200 g	flüssiger Honig
50 g	brauner Zucker (Kandisfarin)
80 g	frischer Ingwer
80 g	Butter (Zimmertemperatur)
2	Eier (Größe M)
450 g	Weizenmehl
1 gestr. TL	Dr. Oetker Backin

Für den Guss und zum Bestreuen:

6 EL	Zitronensaft
200 g	gesiebter Puderzucker
3 EL	Nonpareilles (kleine Zuckerperlen, einfarbig oder bunt)
einige	große Perlen (Dessertschmuck)

1. Für den Teig Honig, braunen Zucker und 3 Esslöffel Wasser in einem Topf unter Rühren erwärmen, bis der Zucker gelöst ist. Die Honigmasse in eine Rührschüssel geben und kalt stellen.

2. Den Ingwer schälen und fein reiben. Unter die fast erkaltete Honigmasse Ingwer, Butter und die Eier mit Handrührgerät mit Rührbesen auf höchster Stufe rühren. Mehl mit Backpulver mischen und esslöffelweise mit Handrührgerät mit Knethaken auf mittlerer Stufe unterarbeiten. Den Teig in Frischhaltefolie gewickelt mindestens 4 Stunden kalt stellen.

3. Den Backofen vorheizen.
Ober-/Unterhitze: etwa 180 °C
Heißluft: etwa 160 °C

4. Den Teig kurz durchkneten und auf der leicht bemehlten Arbeitsfläche etwa 8 mm dick ausrollen. Mit einem Ausstecher Tannenbäume (etwa 8 cm hoch) ausstechen und mit etwas Abstand auf Backbleche (mit Backpapier belegt) setzen. Die Backbleche nacheinander (bei Heißluft zusammen) in den vorgeheizten Backofen schieben. Tannenbäume **etwa 10 Minuten je Backblech backen.**

5. Die Tannenbäume mit dem Backpapier von den Backblechen auf Kuchenroste ziehen. Tannenbäume erkalten lassen.

6. Für den Guss den Zitronensaft mit Puderzucker zu einem dickflüssigen Guss verrühren. Die Tannenbäume mit dem Guss bestreichen. Mit Zuckerperlen (bunt oder einfarbig) und großen Perlen bestreuen. Guss trocknen lassen.

Tipp: Ingwerlebkuchen halten in einer gut schließenden Dose kühl und trocken gelagert gut 4 Wochen.

Verschneite Blätter

Zubereitungszeit: 40 Minuten, ohne Kühlzeit
Backzeit: 10–12 Minuten je Backblech
Pro Stück: E: 0,3 g, F: 2 g, Kh: 3 g, kJ: 123, kcal: 29

Etwa 85 Stück

Zutaten

Für den Knetteig:

170 g	Weizenmehl
1 Msp.	Dr. Oetker Backin
130 g	Zucker
1 Prise	Salz
1 Pck.	Dr. Oetker Bourbon-Vanille-Zucker
50 g	gemahlene Pistazienkerne
130 g	Butter oder Margarine

Zum Bestäuben:

etwas	Puderzucker

1. Für den Knetteig das Mehl mit Backpulver in einer Rührschüssel mischen. Zucker, Salz, Vanille-Zucker, gemahlene Pistazienkerne und Butter oder Margarine hinzufügen. Die Zutaten mit Handrührgerät mit Knethaken zunächst kurz auf niedrigster, dann auf höchster Stufe gut durcharbeiten.

2. Anschließend den Teig auf der leicht bemehlten Arbeitsfläche zu einem glatten Teig verkneten. Sollte er kleben, ihn in Frischhaltefolie gewickelt eine Zeit lang kalt stellen.

3. Den Backofen vorheizen.
Ober-/Unterhitze: etwa 180 °C
Heißluft: etwa 160 °C

4. Den Teig in mehreren Portionen auf der leicht bemehlten Arbeitsfläche etwa 3 mm dünn ausrollen. Mit verschiedenen Ausstechformen etwa 85 unterschiedliche Blätter (Ø 5–7 cm) ausstechen. Die Teigblätter auf Backbleche (gefettet, mit Backpapier belegt) legen.

5. Die Backbleche nacheinander (bei Heißluft zusammen) in den vorgeheizten Backofen schieben. Anschließend die Plätzchen **10–12 Minuten je Backblech backen.**

6. Die Plätzchen mit dem Backpapier von den Backblechen auf Kuchenroste ziehen. Plätzchen erkalten lassen und mit Puderzucker bestäuben.

Tipps: Wenn Sie keine gemahlenen Pistazienkerne bekommen, verwenden Sie gehackte Pistazienkerne und geben Sie diese in den Zerkleinerer oder hacken Sie sie mit einem Messer sehr fein. Anstelle von Pistazienkernen können Sie auch gemahlene Mandeln oder Haselnusskerne verwenden. Zusätzlich ½ Teelöffel zerkleinerte, rosa Pfefferbeeren in den Teig geben.
Die Plätzchen sind in gut schließenden Dosen etwa 3 Wochen haltbar.

Gefüllte Zitronenherzen

Zubereitungszeit: 40 Minuten, ohne Gefrier- und Abkühlzeit
Backzeit: etwa 10 Minuten je Backblech
Pro Stück: E: 1 g, F: 3 g, Kh: 9 g, kJ: 300, kcal: 72

Etwa 30 Stück

Zutaten
Für den Teig:

150 g	weiche Butter oder Margarine
100 g	gesiebter Puderzucker
1	Eiweiß (Größe M)
250 g	Weizenmehl
1 Msp.	Dr. Oetker Backin
1 Pck.	Dr. Oetker Finesse Geriebene Zitronenschale

Zum Bestreichen und Bestreuen:

1	Eigelb (Größe M)
1 EL	kaltes Wasser
2 EL	Hagelzucker

Für die Füllung:

150 g	Zitronenmarmelade

1. Für den Teig Butter oder Margarine, Puderzucker und Eiweiß in einer Rührschüssel mit Handrührgerät mit Rührbesen auf höchster Stufe geschmeidig rühren.

2. Das Mehl mit Backpulver und Zitronenschale mischen, auf die Arbeitsfläche geben. Die Fett-Zucker-Eiweiß-Mischung hinzufügen. Die Zutaten mit den Händen zu einem glatten Teig verkneten. Den Teig in Frischhaltefolie gewickelt eine Zeit lang kalt stellen.

3. Den Backofen vorheizen.
Ober-/Unterhitze: etwa 180 °C
Heißluft: etwa 160 °C

4. Den Teig auf der leicht bemehlten Arbeitsfläche portionsweise etwa 3 mm dick ausrollen. Mit einer Ausstechform (Ø etwa 4 ½ cm) Herzen ausstechen und auf Backbleche (mit Backpapier belegt) legen.

5. Zum Bestreichen und Bestreuen Eigelb mit Wasser verschlagen. Die Hälfte der Herzen damit bestreichen und mit Hagelzucker bestreuen. Die Backbleche nacheinander (bei Heißluft zusammen) in den vorgeheizten Backofen schieben. Die Herzen **etwa 10 Minuten je Backblech backen.**

6. Die Zitronenherzen mit dem Backpapier von den Backblechen auf Kuchenroste ziehen. Zitronenherzen erkalten lassen.

7. Für die Füllung Marmelade in einem kleinen Topf unter Rühren gut aufkochen lassen. Die Herzen ohne Hagelzucker damit bestreichen. Die Marmelade etwas fester werden lassen. Dann die restlichen Herzen darauflegen und etwas andrücken.

Tipp: Anstelle von Zitronenmarmelade können Sie auch Orangenmarmelade oder Aprikosenkonfitüre verwenden. Die Zitronenherzen sind in gut schließenden Dosen 1–2 Wochen haltbar. Wenn Sie die Zitronenherzen ungefüllt in gut schließenden Dosen aufbewahren, halten Sie etwa 3 Wochen.

Schokoladen-Lebkuchen

Zubereitungszeit: 60 Minuten, ohne Kühlzeit
Backzeit: etwa 15 Minuten je Backblech
Pro Stück: E: 1 g, F: 1 g, Kh: 8 g, kJ: 181, kcal: 43

Etwa 100 Stück

Zutaten
Für den Lebkuchenteig:

150 g	flüssiger Honig
125 g	Zucker
50 g	Schweineschmalz oder Margarine
3 TL	Lebkuchengewürz
1 Pck.	Dr. Oetker Finesse Geriebene Zitronenschale
400 g	Weizenmehl
1	Ei (Größe M)
1	Eigelb (Größe M)
100 g	geriebene Blockschokolade
1/2 Pck. (10 g)	Hirschhornsalz
1 EL	Rum oder Weinbrand

Für den Guss:

200 g	gesiebter Puderzucker
2–3 EL	heißes Wasser

1. Für den Teig Honig mit Zucker und Schmalz oder Margarine in einem Topf unter Rühren langsam erwärmen, bis sich Honig und Zucker aufgelöst haben. Die Masse in eine Rührschüssel geben und abkühlen lassen.

2. Unter die fast erkaltete Masse mit Handrührgerät mit Rührbesen Lebkuchengewürz und Zitronenschale rühren. Mehl daraufgeben und Ei, Eigelb, Blockschokolade, Hirschhornsalz und Rum oder Weinbrand hinzufügen. Die Zutaten zunächst kurz auf niedrigster, dann auf höchster Stufe zu einem glatten Teig verarbeiten, zu 4 Rollen (Ø etwa 3 cm, Länge je etwa 25 cm) formen und in Frischhaltefolie gewickelt einige Stunden oder über Nacht kalt stellen.

3. Den Backofen vorheizen.
Ober-/Unterhitze: etwa 180 °C
Heißluft: etwa 160 °C

4. Die Teigrollen in etwa 1 cm dicke Scheiben schneiden und nicht zu dicht auf Backbleche (mit Backpapier belegt) legen (Teigrollen zwischendurch immer wieder kalt stellen, damit sie sich gut schneiden lassen. Der Teig enthält wenig Fett und wird dadurch schnell weich).

5. Die Backbleche nacheinander (bei Heißluft zusammen) in den vorgeheizten Backofen schieben. Gebäck **etwa 15 Minuten je Backblech backen.**

6. Das Gebäck mit dem Backpapier von den Backblechen auf Kuchenroste ziehen. Gebäck erkalten lassen.

7. Für den Guss Puderzucker mit Wasser zu einer dickflüssigen Masse verrühren. Den Guss in ein Pergamentpapiertütchen füllen, das Gebäck mit dem Guss verzieren und den Guss trocknen lassen.

Gefüllte Weihnachtsglocken

Zubereitungszeit: 60 Minuten, ohne Kühlzeit
Backzeit: 10–12 Minuten je Backblech
Pro Stück: E: 1 g, F: 5 g, Kh: 12 g, kJ: 411, kcal: 98

Etwa 45 Stück

Zutaten
Für den Knetteig:

50 g	Zitronat
250 g	Weizenmehl
1/2 TL	Dr. Oetker Backin
120 g	Zucker
1 Prise	Salz
1/2 Pck.	Dr. Oetker Finesse Geriebene Zitronenschale
1	Ei (Größe M)
150 g	Butter oder Margarine

Für die Füllung:

150 g	weiße Schokolade
50 g	Butter
50 g	Zitronat
1/2 Pck.	Dr. Oetker Finesse Geriebene Zitronenschale

Zum Verzieren:

70 g	gesiebter Puderzucker
1–2 EL	Zitronensaft
evtl.	rote und blaue Speisefarbe
etwa 45	silberfarbene Zuckerperlen

1. Zitronat sehr fein hacken. Mehl mit Backpulver in einer Rührschüssel mischen. Restliche Zutaten hinzufügen und mit Handrührgerät mit Knethaken zunächst kurz auf niedrigster, dann auf höchster Stufe gut durcharbeiten. Anschließend den Teig auf der leicht bemehlten Arbeitsfläche kurz verkneten. Sollte der Teig kleben, ihn in Frischhaltefolie gewickelt eine Zeit lang kalt stellen.

2. Den Backofen vorheizen.
Ober-/Unterhitze: etwa 180 °C
Heißluft: etwa 160 °C

3. Den Teig portionsweise auf der leicht bemehlten Arbeitsfläche etwa 2 mm dünn ausrollen. Mit einem Ausstecher etwa 90 Glocken (etwa 7 cm groß) ausstechen. Die Teigglocken auf Backbleche (mit Backpapier belegt) legen. Die Backbleche nacheinander (bei Heißluft zusammen) in den vorgeheizten Backofen schieben. Die Plätzchen **10–12 Minuten je Backblech backen.**

4. Die Plätzchen mit dem Backpapier auf Kuchenroste ziehen und erkalten lassen.

5. Für die Füllung Schokolade hacken und mit der Butter im Wasserbad bei schwacher Hitze unter Rühren schmelzen, etwas abkühlen lassen. Zitronat sehr fein hacken und mit Zitronenschale unter die Schoko-Butter-Masse rühren.

6. Die Hälfte der Glocken auf der Unterseite mit der Schoko-Masse bestreichen. Die restlichen Glocken darauflegen und leicht andrücken. Die Füllung fest werden lassen.

7. Für den Guss Puderzucker mit Zitronensaft glatt rühren und nach Belieben mit roter und blauer Speisefarbe lila einfärben. Den Guss in einen kleinen Gefrierbeutel füllen. Den Beutel verschließen und eine kleine Ecke abschneiden. Auf jede Glocke einen Rand aus Zuckerguss spritzen und sofort mit einer Zuckerperle belegen.

Braune Weihnachtsplätzchen

Zubereitungszeit: 40 Minuten, ohne Kühlzeit
Backzeit: 8–10 Minuten je Backblech
Pro Stück: E: 1 g, F: 2 g, Kh: 9 g, kJ: 226 kcal: 54

Etwa 80 Stück

Zutaten
Für den Lebkuchenteig:

250 g	flüssiger Honig
125 g	Zucker
1 Prise	Salz
65 g	Butter oder Margarine
65 g	Schweineschmalz
1 EL	Milch
5 Tropfen	Zitronen-Aroma
1 gestr. TL	gemahlener Kardamom
1 gestr. TL	gemahlener Zimt
500 g	Weizenmehl
3 gestr. TL	Dr. Oetker Backin
30 g	gemahlene Haselnusskerne

Zum Bestreichen:
Kondensmilch

1. Für den Teig Honig mit Zucker, Salz, Butter oder Margarine, Schweineschmalz und Milch in einem Topf unter Rühren langsam erwärmen, bis Zucker und Fett geschmolzen sind, in eine Rührschüssel geben und kalt stellen.

2. Unter die fast erkaltete Masse mit Handrührgerät mit Rührbesen auf höchster Stufe Aroma, Kardamom und Zimt rühren.

3. Den Backofen vorheizen.
Ober-/Unterhitze: 180–200 °C
Heißluft: 160–180 °C

4. Mehl mit Backpulver mischen, zwei Drittel davon in 2 Portionen auf mittlerer Stufe unterrühren. Restliches Mehlgemisch mit den Haselnusskernen auf der bemehlten Arbeitsfläche unterarbeiten. Sollte der Teig kleben, noch etwas Mehl hinzugeben. Eventuell den Teig in Frischhaltefolie gewickelt eine Zeit lang kalt stellen.

5. Den Teig portionsweise auf der bemehlten Arbeitsfläche dünn ausrollen, mit verschiedenen Ausstechformen Sterne, Tannenbäume oder Pilze ausstechen. Die Teigplätzchen auf Backbleche (gefettet, mit Backpapier belegt) legen und dünn mit Kondensmilch bestreichen. Die Backbleche nacheinander (bei Heißluft zusammen) in den vorgeheizten Backofen schieben. Plätzchen **8–10 Minuten je Backblech backen.**

6. Die Plätzchen mit dem Backpapier von den Backblechen auf Kuchenroste ziehen und erkalten lassen.

Tipp: Teigplätzchen nach Belieben vor dem Backen mit abgezogenen, gehackten Mandeln oder gehackten Haselnusskernen bestreuen.

Ausstechkekse mit Prickelguss

Zubereitungszeit: 30 Minuten, ohne Kühlzeit
Backzeit: etwa 12 Minuten je Backblech
Pro Stück: E: 0,4 g, F: 2 g, Kh: 6 g, kJ: 186, kcal: 44

Etwa 45 Stück

Zutaten
Für den Knetteig:

150 g	Weizenmehl
1 Msp.	Dr. Oetker Backin
50 g	Zucker
1 Pck.	Dr. Oetker Vanillin-Zucker
100 g	Butter oder Margarine

Für den Guss:

100 g	gesiebter Puderzucker
2 Pck.	Brausepulver, z. B. Himbeergeschmack (für je 0,2 l Wasser)
1 1/2–2 EL	Zitronensaft
evtl.	Lebensmittelfarbe

1. Für den Teig Mehl mit Backpulver in einer Rührschüssel mischen. Restliche Zutaten hinzufügen und mit Handrührgerät mit Knethaken zunächst kurz auf niedrigster, dann auf höchster Stufe gut durcharbeiten. Anschließend den Teig auf der leicht bemehlten Arbeitsfläche kurz verkneten. Sollte er kleben, ihn in Frischhaltefolie gewickelt eine Zeit lang in den Kühlschrank legen.

2. Den Backofen vorheizen.
Ober-/Unterhitze: etwa 180 °C
Heißluft: etwa 160 °C

3. Den Teig auf der leicht bemehlten Arbeitsfläche etwa 1/2 cm dick ausrollen. Mit Ausstechförmchen (Ø etwa 5 cm) Motive ausstechen und auf Backbleche (mit Backpapier belegt) legen. Die Teigreste wieder zusammenkneten, erneut ausrollen und weitere Motive ausstechen – so oft, bis der Teig aufgebraucht ist.

4. Die Bleche nacheinander (bei Heißluft zusammen) in den vorgeheizten Backofen schieben. Die Kekse **etwa 12 Minuten je Backblech backen.**

5. Die Kekse mit dem Backpapier von den Blechen auf Kuchenroste ziehen und erkalten lassen.

6. Für den Guss Puderzucker mit Brausepulver, Zitronensaft und evtl. Lebensmittelfarbe verrühren und „ausprickeln" lassen. Den Guss in einen kleinen Gefrierbeutel füllen, den Beutel verschließen und eine kleine Ecke abschneiden.

7. Etwas Guss auf die Kekse spritzen und mit einem Pinsel dünn verstreichen oder den Guss als Kontur auf die Kekse spritzen. Den Guss trocknen lassen.

Tipp: Statt mit Himbeergeschmack lässt sich der Guss auch mit Brausepulver Waldmeister- oder Orangengeschmack verfeinern.
Für einen besseren Prickeleffekt streuen Sie zusätzlich etwas Brausepulver auf den noch feuchten Guss.

Abkürzungen und Hinweise

Abkürzungen

EL	=	Esslöffel
TL	=	Teelöffel
Msp.	=	Messerspitze
Pck.	=	Packung/Päckchen
g	=	Gramm
kg	=	Kilogramm
ml	=	Milliliter
l	=	Liter
evtl.	=	eventuell
geh.	=	gehäuft
gestr.	=	gestrichen
TK	=	Tiefkühlprodukt
°C	=	Grad Celsius
Ø	=	Durchmesser

Kalorien-/ Nährwertangaben

E	=	Eiweiß
F	=	Fett
Kh	=	Kohlenhydrate
kJ	=	Kilojoule
kcal	=	Kilokalorien

Allgemeine Hinweise zu den Rezepten

Lesen Sie bitte vor der Zubereitung – besser noch vor dem Einkaufen – das Rezept einmal vollständig durch. Oft werden Arbeitsabläufe oder -zusammenhänge dann klarer.

Zutatenliste

Die Zutaten sind in der Reihenfolge ihrer Verarbeitung aufgeführt.

Arbeitsschritte

Die Arbeitsschritte sind einzeln hervorgehoben, in der Reihenfolge, in der wir sie ausprobiert haben.

Backofeneinstellung

Die in den Rezepten angegebenen Backtemperaturen und -zeiten sind Richtwerte, die je nach individueller Hitzeleistung des Backofens über- oder unterschritten werden können.
Bitte beachten Sie deshalb bei der Einstellung des Backofens die Gebrauchsanweisung des Herstellers und machen Sie nach Beendigung der angegebenen Backzeit eine Garprobe.

Die Temperaturangaben in diesem Buch beziehen sich auf Elektrobacköfen. Die Temperatureinstellungsmöglichkeiten für Gasbacköfen variieren je nach Hersteller, sodass wir keine allgemeingültigen Angaben machen können.

Zubereitungszeit

Die Zubereitungszeit beinhaltet nur die Zeit für die eigentliche Zubereitung. Längere Wartezeiten wie z. B. Kühl- oder Abkühlzeiten sind nicht mit einbezogen. Die Backzeiten sind ebenfalls im Rezept angegeben.

Alphabetisches Register

Für Fragen, Vorschläge oder Anregungen stehen Ihnen der Verbraucherservice der Dr. Oetker Versuchsküche Telefon: 00800 71 72 73 74
Mo.–Fr. 8:00–18:00 Uhr, Sa. 9:00–15:00 Uhr (gebührenfrei in Deutschland) oder die Mitarbeiter des Dr. Oetker Verlages Telefon: +49 (0) 521 52 06 58
Mo.–Fr. 9:00–15:00 Uhr zur Verfügung.

Oder schreiben Sie uns:
Dr. Oetker Verlag KG, Am Bach 11, 33602 Bielefeld oder besuchen Sie uns im Internet unter www.oetker-verlag.de oder www.oetker.de.

Umwelthinweis — Dieses Buch und der Einband wurden auf chlorfrei gebleichtem Papier gedruckt. Die Einschrumpffolie – zum Schutz vor Verschmutzung – ist aus umweltfreundlichem und recyclingfähigem PE-Material.

Redaktion — Jasmin Gromzik, Miriam Krampitz

Titelfoto — Fotostudio Diercks, Hamburg

Innenfotos — Walter Cimbal, Hamburg (S. 6, 10, 26, 46)
Fotostudio Diercks – Thomas Diercks, Christiane Krüger – Hamburg (S. 2, 10, 16, 22, 24, 32, 36, 38, 40, 44, 52, 54, 58)
Ulrich Kopp, Sindelfingen (S. 14, 18)
Antje Plewinski, Berlin (S. 4, 20, 28, 30, 42)
Winkler Studios, Bremen (S. 8, 34, 48, 50, 56, 60)

Grafisches Konzept und Gestaltung — MDH Haselhorst, Bielefeld
Titelgestaltung — kontur:design GmbH, Bielefeld
Satz — MDH Haselhorst, Bielefeld

ISBN: 978-3-7670-0919-6